T0005738

¿QUÉ HACE EL TRIBUNAL SUPREMO DE JUSTICIA?

SANTANA HUNT
TRADUCIDO POR ESTHER SARFATTI

Gareth Stevens
PUBLISHING

EN CONTEXTO

Please visit our website, www.garethstevens.com. For a free color catalog of all our high-quality books, call toll free 1-800-542-2595 or fax 1-877-542-2596.

Cataloging-in-Publication Data

Names: Hunt, Santana.
Title: ¿Qué hace el Tribunal Supremo de Justicia?/ Santana Hunt.
Description: New York : Gareth Stevens Publishing, 2018. | Series: Conoce tu gobierno| Includes index.
Identifiers: ISBN 9781482462555 (pbk.) | ISBN 9781482462579 (library bound) | ISBN 9781482462562 (6 pack)
Subjects: LCSH:United States. Supreme Court--Juvenile literature. | United States. Supreme Court--Rules and practice--Juvenile literature. | Courts of last resort--United States--Juvenile literature.
Classification: LCC KF8742.H83 2018 | DDC 347.73'26--dc23

First Edition

Published in 2018 by
Gareth Stevens Publishing
111 East 14th Street, Suite 349
New York, NY 10003

Copyright © 2018 Gareth Stevens Publishing

Translator: Esther Sarfatti
Editorial Director, Spanish: Nathalie Beullens-Maoui
Editor, English: Kristen Nelson
Designer: Samantha DeMartin

Photo credits: Series art MaxyM/Shutterstock.com; cover, p. 1 jiawangkun/Shutterstock.com; p. 5 Gary Blakely/Shutterstock.com; pp. 7, 25 Everett Historical/Shutterstock.com; p. 8 Illegitimate Barrister/Wikimedia Commons; p. 9 Pool/Getty Images News/Getty Images; pp. 11, 13 Rob Crandall/Shutterstock.com; p. 15 Smith Collection/Gado/Archive Photos/ Getty Images; p. 17 UniversalImagesGroup/Universal Images Group/Getty Images; p. 19 Chip Somodevilla/Getty Images News/Getty Images; p. 21 (Supreme Court) Bettmann/Bettmann/Getty Images; p. 21 (Constitution) Dominic/Wikimedia Commons; p. 23 Paul Bradbury/Caiaimage/Getty Images; p. 27 Collection of the Supreme Court of the United States/Wikimedia Commons; p. 29 Paul Morgi/Getty Images Entertainment/ Getty Images; p. 30 Andrey_Popov/Shutterstock.com.

Printed in the United States of America

CPSIA compliance information: Batch #CS17GS: For further information contact Gareth Stevens, New York, New York at 1-800-542-2595.

CONTENIDO

Las palabras del glosario se muestran en **negrita** la primera vez que aparecen en el texto.

EL TRIBUNAL SUPREMO

El Tribunal Supremo de Justicia es el tribunal más alto de Estados Unidos. Encabeza la rama **judicial** del gobierno. El Tribunal Supremo estudia ciertos casos y determina si las acciones del gobierno federal o de los estados son fieles a la **Constitución** de Estados Unidos: la ley suprema de nuestro país.

SI QUIERES SABER MÁS

Las otras dos ramas del gobierno de Estados Unidos son la legislativa, que hace las leyes, y la ejecutiva, que hace cumplir las leyes.

5

Lo establece la Constitución

La Constitución de Estados Unidos estableció la creación de un Tribunal Supremo. Originalmente, el Congreso, a través de la Ley Judicial de 1789, fijó en seis el número de jueces del Tribunal Supremo.

SI QUIERES SABER MÁS

La Constitución otorga al Congreso el poder de crear otros tribunales inferiores.

Con el paso del tiempo, el Congreso hizo nuevas leyes para cambiar el número de jueces del Tribunal Supremo. La Ley Judicial de 1869 fijó el número de jueces en nueve, lo que se ha mantenido hasta el día de hoy.

EL TRIBUNAL SUPREMO, 2016

SI QUIERES SABER MÁS

Uno de los nueve jueces es el presidente del Tribunal Supremo, y dirige las actividades del tribunal. El presidente del Tribunal Supremo también se encarga de tomar el juramento al presidente de Estados Unidos el día de la toma de posesión.

LOS JUECES

La Constitución no menciona los **requisitos** necesarios para ser jueces del Tribunal Supremo. No obstante, es importante que los jueces conozcan bien la ley. Actualmente, la mayoría de los jueces ha estudiado derecho y ha trabajado como **abogado** o juez.

SI QUIERES SABER MÁS

La Constitución sí menciona ciertos requisitos necesarios para poder ser presidente o miembro del Congreso. Por ejemplo, dice que el presidente debe tener al menos 35 años.

El presidente de Estados Unidos **nombra** a los jueces del Tribunal Supremo. Aunque no hay vacantes muy a menudo, el presidente suele tener a alguien en mente por si uno de los jueces fallece o renuncia a su cargo. Tanto hombres como mujeres pueden ser jueces del Tribunal Supremo.

SI QUIERES SABER MÁS

El presidente también nombra a los jueces **federales** de los tribunales inferiores.

RUTH BADER GINSBURG, ACTUAL
JUEZA DEL TRIBUNAL SUPREMO

13

Una vez que el presidente nombra a alguien al Tribunal Supremo, el Senado debe dar su consentimiento y **aprobación**. Los senadores examinan la integridad y experiencia del candidato o candidata y llevan a cabo audiencias para hacerle muchas preguntas. Después votan si lo aprueban o no.

SI QUIERES SABER MÁS

El hecho de que el presidente nombre a los jueces y que el Senado deba aprobarlos es una muestra del equilibrio de poder entre las tres ramas del gobierno.

EL PRESIDENTE RONALD REAGAN
Y ANTONIN SCALIA, JUEZ DEL
TRIBUNAL SUPREMO

15

Los jueces del Tribunal Supremo pueden servir de por vida. Esto significa que pueden quedarse en su cargo el tiempo que ellos quieran. Un juez del Tribunal Supremo solo puede ser destituido de su cargo si la Cámara de Representantes lo somete a un proceso de impugnación y el Senado lo encuentra culpable.

SI QUIERES SABER MÁS

SAMUEL CHASE, JUEZ DEL TRIBUNAL
SUPREMO, IMPUGNADO EN 1805

17

LOS CASOS

El Tribunal Supremo solo atiende ciertos casos judiciales. Suele interpretar las leyes y cómo se deben hacer cumplir. También se pronuncia en los casos entre dos o más estados.

SI QUIERES SABER MÁS

El Tribunal Supremo también se encarga de casos entre los estados y el gobierno federal.

ELENA KAGAN, ACTUAL JUEZA
DEL TRIBUNAL SUPREMO

19

Pero la función más importante del Tribunal Supremo es decidir si las leyes y acciones son constitucionales, o fieles a lo que está escrito en la Constitución de Estados Unidos. La capacidad de tomar estas decisiones se llama revisión judicial. Cuando una ley se declara anticonstitucional, se **revoca**.

SI QUIERES SABER MÁS

La Constitución otorga a los **ciudadanos** ciertos derechos. El Tribunal Supremo se asegura de que las leyes no supriman o limiten esos derechos.

LA CONSTITUCIÓN
DE ESTADOS UNIDOS

Los casos que llegan al Tribunal Supremo ya han sido juzgados previamente por otros tribunales inferiores. El Tribunal Supremo es el que tiene la última palabra. Si los jueces del Tribunal Supremo deciden no escuchar un caso, se mantiene la decisión tomada por el último tribunal.

SI QUIERES SABER MÁS

Las decisiones del Tribunal Supremo son ley. Una vez que un caso ha sido resuelto, sus decisiones se tienen que respetar.

ANTE EL TRIBUNAL

El Tribunal Supremo atiende unos 80 casos al año. Cuando un caso llega al tribunal, los jueces escuchan los argumentos de ambas partes. A menudo hacen preguntas. A veces, los jueces atienden varios casos en un día.

SI QUIERES SABER MÁS

El Tribunal Supremo rechaza entre 7,000 y 8,000 casos cada año.

Después de escuchar los argumentos, los jueces se reúnen para hablar del caso. No siempre se ponen de acuerdo. Cuando logran una **mayoría**, el tribunal toma una decisión acerca del caso. Los jueces explican su decisión por escrito en un documento que se llama opinión.

SI QUIERES SABER MÁS

Los jueces que no han votado con la mayoría a menudo ponen por escrito las razones por las cuales no estaban de acuerdo con la decisión. Su opinión se conoce como una opinión minoritaria o disidente.

ANTHONY KENNEDY, ACTUAL
JUEZ DEL TRIBUNAL SUPREMO

LOS TIEMPOS CAMBIAN

El Tribunal Supremo a veces anula decisiones tomadas por tribunales anteriores. Esto demuestra cómo las ideas pueden cambiar a lo largo del tiempo. La llegada de jueces nuevos también puede influir en la opinión del tribunal. A pesar de los cambios, el Tribunal Supremo siempre defiende la Constitución y los derechos que esta promete a los ciudadanos.

SI QUIERES SABER MÁS

Las decisiones del Tribunal Supremo también se utilizan en casos inferiores. Los abogados las usan para apoyar sus argumentos.

29

ACERCA DEL
TRIBUNAL SUPREMO

decide si las leyes y acciones son constitucionales

es el tribunal más alto de Estados Unidos

los jueces sirven de por vida

tiene nueve jueces, entre ellos un presidente del tribunal

se pronuncia en casos entre estados

fue establecido por la Constitución de Estados Unidos

GLOSARIO

abogado: alguien cuyo trabajo es aconsejar a las personas sobre asuntos y problemas relacionados con la ley.

aprobar: estar oficialmente de acuerdo.

ciudadano: alguien que vive en un país legalmente y tiene ciertos derechos.

constitución: las leyes básicas por las cuales se gobierna un país o estado.

federal: que tiene que ver con el gobierno central.

judicial: que tiene que ver con los tribunales de justicia y los jueces.

mayoría: un número que es más grande que la mitad del total.

nombrar: dar a alguien cierto cargo.

requisito: una característica o condición que debe cumplir alguien para conseguir algo, como un puesto.

revocar: anular una decisión.

PARA MÁS INFORMACIÓN

LIBROS

Loria, Laura. *What Is the Judicial Branch?* New York, NY: Britannica Educational Publishing, 2016.

Roland, James. *Ruth Bader Ginsburg: Iconic Supreme Court Justice*. Minneapolis, MN: Lerner Publications, 2016.

SITIOS DE INTERNET

The Three Branches of Government

kids.usa.gov/three-branches-of-government/index.shtml

Aprende cómo las tres ramas del gobierno de Estados Unidos trabajan juntas.

Sitios de Internet: Nota del editor a los educadores y padres: nuestro personal especializado ha revisado cuidadosamente estos sitios web para asegurarse de que son apropiados para los estudiantes. Muchos sitios web cambian con frecuencia, por lo que no podemos garantizar que posteriores contenidos que se suban a esas páginas cumplan con nuestros estándares de calidad y valor educativo. Tengan presente que se debe supervisar cuidadosamente a los estudiantes siempre que tengan acceso al Internet.

ÍNDICE